VENTE

J.-F. MILLET

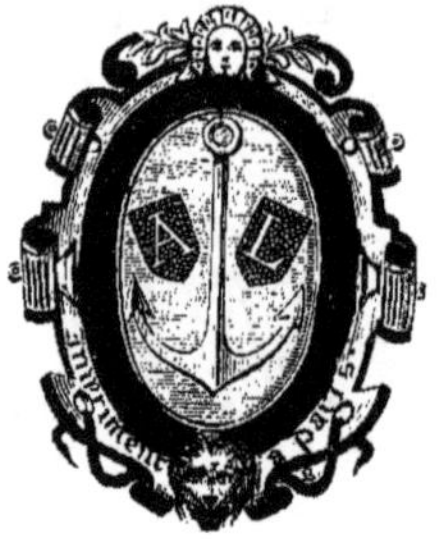

VENTE

J.-F. MILLET

Paris. — Imprimerie Alcan-Levy,
61, *rue de Lafayette*

Produit 325,000 fr.

CATALOGUE

DE LA VENTE

QUI AURA LIEU PAR SUITE DU DÉCÈS

DE

JEAN-FRANÇOIS MILLET

PEINTRE

HOTEL DROUOT

SALLES Nos 8 ET 9

Les lundi 10 *et mardi* 11 *Mai* 1875
à deux heures

EXPOSITIONS

PARTICULIÈRE	PUBLIQUE
Le Samedi 8 Mai 1875	*Le Dimanche 9 Mai 1875*

De 1 heure à 5 heures

COMMISSAIRE-PRISEUR	EXPERT
Me CHARLES PILLET	M. DURAND-RUEL
10, rue de la Grange-Batelière	16, rue Laffitte

1875

CONDITIONS DE LA VENTE

Elle sera faite au comptant.

Les acquéreurs payeront 5 p. 100 en sus des enchères, applicables au frais.

J.-F. MILLET

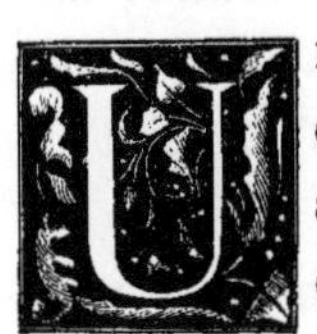

UNE collection de tableaux ou de dessins, à laquelle l'amateur a apporté tout le goût et le soin dont il est capable, qu'il a formée en y mettant tout le temps et toute la patience nécessaires, offre sans contredit au public un puissant intérêt; cependant nous croyons qu'un recueil des tableaux d'esquisses et de dessins tels que l'artiste les laisse après sa mort, tout inachevées et incomplètes que soient ces œuvres, offre encore un attrait plus vif et un intérêt plus puissant pour le véritable amateur. Et cela est encore plus vrai quand cet artiste est un homme de la valeur de J.-F. Millet, un des talents les plus remarquables de notre époque, et nous ne craignons pas d'ajouter une des plus grandes illustrations dont la France puisse se glorifier depuis le Poussin et Claude Lorrain.

Le style c'est l'homme, a dit Buffon; jamais ce mot n'a pu mieux trouver son application. On peut dire hardiment de Millet: l'œuvre c'est l'homme; et, en effet, éducation première, souvenirs d'enfance, toute une existence si pénible de labeur, d'espérances et de déceptions, pour quiconque l'a connu, tout cela se retrouve dans sa peinture. Il n'a si bien peint l'homme que parce qu'il s'est peint lui-même.

Né à Gréville, presqu'à la pointe de La Hague, dans une petite ferme située sur la hauteur de la falaise, dans un endroit d'où la vue plonge sur l'horizon infini d'une mer presque toujours inquiète et agitée, élevé au milieu des rudes travaux de la campagne auxquels il prit la part la plus active jusqu'à l'âge de vingt et un ans, sa vie entière, à partir du moment où il prit les pinceaux, semble consacrée à reproduire les impressions qu'il puisa dans ce milieu rustique et sauvage.

Son père, homme d'un grand sens, d'une instruction saine et solide, élevait sa nombreuse famille dans l'amour des travaux des champs et dans l'admiration des œuvres de la création. La famille de sa mère, la forte race des Jumelin, avait déjà fourni à son pays des prêtres instruits et dévoués, et un savant distingué de la fin du siècle dernier.

Un de ses oncles, homme d'un caractère énergique et d'une grande instruction, prêtre modeste et sincère qui, dans des époques de troubles, sut donner à ses paroissiens l'exemple du travail et de la piété, paraît avoir eu une grande influence sur son éducation et sur ses premières impressions : influence qu'il partageait du reste avec la grand'mère, femme aussi pieuse que sensée, et dont le souvenir et les bons conseils étaient toujours restés au fond du cœur de Millet. Cet oncle lui donna les premières leçons de latin, et lui inspira par la lecture de la Bible et de Virgile, le goût de ces images simples et sublimes, qu'il a su transporter dans sa peinture. C'est là également qu'il puisa dans la vue des belles gravures dont sont fréquemment ornés les vieux livres des siècles derniers; c'est là, disons-nous, qu'il puisa les premiers germes de son goût pour la peinture. Seul, sans conseil et sans autre guide que son instinct, il parvint à les imiter d'une façon si surprenante, que son père résolut d'encourager des aptitudes aussi prononcées. Ce fut un heureux jour pour Millet que celui où son père rapporta de la ville une feuille de papier blanc et un crayon à dessiner. Millet n'avait pas seize ans, il ne connaissait du dessin que les gravures qui ornaient les bibles ou les livres de prières; de la peinture, que les belles bannières que l'on tirait de leur étui aux jours de grandes fêtes, et cependant, le dessin qu'il fit à cette époque sur cette même feuille de papier, et que sa famille a conservé ce dessin qu'il composa lui-même, inspiré d'un des chapitres de saint Luc, se distingue non moins par le soin et la netteté de l'exécution, que par la nouveauté de la conception ; la profondeur de sentiment qu'on y remarque ne se retrouve même que plus tard dans son œuvre, avec autant d'intensité.

Son père n'hésita plus à lui permettre d'embrasser une carrière que son instinct lui traçait d'avance, mais pour cela il fallait atteindre l'âge de la conscription; il fallait donc encore attendre longtemps. Ce temps ne fut pas perdu pour le jeune Millet. Ses longues rêveries dans les bois ou au bord de la falaise, ses méditations dans les champs quand il fallait y conduire la charrue ou partager avec sa famille et ses camarades les travaux de la fenaison ou de la moisson, ont nourri les impressions les plus vivaces, et des souvenirs d'une réalité, et d'un naturel qui ne sont pas un des côtés les moins remarquables de son talent, si original et si vrai.

Nous n'entrerons pas ici dans tous les détails d'une existence laborieuse et triste, où il lui fallut si longtemps disputer son pain à l'indifférence de ses contemporains, et l'arracher, comme l'homme des champs, à la sueur de son front. La lutte fut pénible : il y laissa la santé, lui que la nature et la vie des champs avaient fait si robuste, et il ne trouva de consolation que dans les joies d'une famille nombreuse et affectionnée, et les douceurs de quelques amitiés sincères qui savaient apprécier l'homme et l'artiste.

Nous n'avons même insisté sur quelques circonstances particulières de son enfance qu'en raison du rôle que jouent dans son œuvre les premières impressions.

Ce qui est vrai en général des artistes, est encore plus vrai quand il s'agit de Millet. On peut dire qu'il est tout entier à ses souvenirs. Cependant, quelles que fussent ses aspirations et la tendance qui le portait vers les scènes de la nature, ce n'est guère qu'à partir du moment où il quitta Paris, trop heureux d'échapper aux ennuis et aux distractions qui menaçaient de l'entraîner en dehors de ses tendances naturelles, ce n'est guère qu'à partir de ce moment que nous le voyons entrer résolûment dans la voie que son instinct lui indiquait, voie que l'on peut dire nouvelle : celle du grand et du sublime dans les choses les plus simples de la nature, dans les scènes les plus humbles de la vie.

C'est alors que commença cette série remarquable que l'on a pu admirer à diverses Expositions et entre autres à celle de 1867. *Le Semeur, le Repas des Moissonneurs, la Greffe, les Glaneuses, l'Angélus, Le Gîvre, la Femme qui porte des seaux,* et tous ces beaux dessins presque inconnus que la merveilleuse Exposition de M. G*** vient pour ainsi dire de révéler au public ; suite de chefs-d'œuvre où le talent de l'artiste, en affirmant ses tendances, s'élevait à une ampleur et à une simplicité vraiment magistrales.

Car, ce n'est pas seulement parce qu'il semblait ouvrir une nouvelle voie, que Millet est un artiste essentiellement original, c'est aussi parce qu'il apportait à l'accomplissement de son œuvre toutes les ressources de la science et de l'observation la plus profonde.

On peut dire que personne n'a poussé plus loin que lui la vérité du geste et de l'attitude, la puissance du modelé, la dégradation des valeurs et de la perspective aérienne. Ses figures agissent et se meuvent dans une atmosphère imprégnée de soleil et de lumière ; et ses paysages ont toute la profondeur de ceux du Claude, sans que pour cela on puisse jamais chez lui surprendre l'imitation de personne. Il semblerait impossible, pour reproduire ses idées et ses impressions, de se servir d'autres moyens, d'une autre manière de peindre que la sienne.

Quelque sujet qu'il ait abordé, et la variété

en est grande, paysages, marines, animaux, scènes de la vie de campagne, et même sujets religieux, partout nous retrouvons la même saveur primesautière.

Nous n'avons qu'un regret, celui de posséder un nombre aussi restreint d'études d'après nature. En général, elles sont très rares. Cependant, dans un premier voyage qu'il fit à Gréville, en 1854, et un second en 1870, le désir d'emporter un souvenir des lieux où s'était écoulée sa jeunesse lui fit braver l'appréhension qu'il éprouvait en tout temps à travailler en plein air; ce n'est même que dans son pays qu'il osa se livrer à ce genre d'étude qui le charmait, mais qu'il redoutait en raison de la sensibilité excessive de ses yeux. « Là, disait-il, et là seulement, il me semble que l'atmosphère emprunte à la verdure des champs un voile de douceur qui me repose la vue. »

Il reproduisit alors la maison paternelle sous différents aspects, la maison du bord de la falaise et toute une série d'études de rochers et de vues de mer, qu'il voulait résumer dans un grand tableau, *les Falaises de Gréville*, et qu'il rêvait comme le couronnement de son œuvre.

Les aquarelles et les dessins qu'il fit à Vichy et en Auvergne, sont d'une fermeté et d'une finesse remarquables.

On y sent toutes les qualités particulières du peintre de figures, la netteté et la précision; les sentiers, les mouvements de terrain, les formes tourmentées des vieux ormes sont accentués d'une façon fière et âpre qui fait penser à Albert Durer.

Malgré la beauté et le grand caractère du pays, ces dessins lui servirent peu; ces impressions, quelque vives qu'elles fussent, ne se reliaient pas suffisamment à celles de son enfance. Et il ne tira guères de ces voyages qu'un souvenir charmant qui allait toujours en s'effaçant.

Millet se retrouvait plus à son aise dans les plaines de Barbizon, campagnes âpres et sauvages dont les vieux paysans eux-mêmes ont conservé l'âpreté et la rudesse, où les constructions solides et rustiques lui rappelaient celles de son pays si bien faites pour braver les tempêtes qui assiégent sans cesse les caps et les rochers de la Hague.

C'est là qu'il fit entre 1860 et 1870 : l'*Homme à la houe*, le *Parc de Moutons*, *le Berger dans la Plaine*, le *Printemps*, les *Meules*, *le Bûcheron*, *le Tueur de Cochons*, et tant d'autres belles et puissantes créations trop peu connues du public, mais qui prendront, nous l'espérons, leur place à une exposition générale des œuvres du maître (1). *La Vue de la mer prise des hauteurs de Gréville*, *l'Eglise*, *le Retour de la Bergère*, *l'Ane*, *la Mère berçant son enfant*, *les Falaises de Gréville*, et enfin, *la Chasse aux flambeaux*, sont des œuvres de ses dernières années et ont presque toutes suivi son retour de Cherbourg. Nous n'avons pas besoin d'en faire l'éloge ni la description, mais nous pouvons faire remarquer que jamais son talent ne s'était élevé à cette ampleur, à cette sûreté et à une plus grande sobriété de moyens. La profondeur des horizons, la nouveauté de chaque conception, la puissance d'expression à laquelle il fait concourir chaque détail, montrent et ce qu'il voulait et ce qu'il pouvait obtenir avec une aussi grande simplicité de sujet et d'exécution, et rendent encore plus poi-

1. Cette exposition, qui devait avoir lieu à la suite de la vente des œuvres de Millet, a été ajournée et aura lieu au plus tard à la fin de l'année 1875.

gnant le regret d'avoir vu s'éteindre dans toute la maturité du talent et de l'expérience, une intelligence dont on avait encore tant à espérer.

Notre devoir, en traçant cette notice, était de montrer le rapport qui existe entre l'homme et l'artiste, et comment chez Millet, plus que chez tout autre, l'œuvre est le reflet et la reproduction de la vie tout entière. « Voilà, disait-il souvent dans sa dernière maladie, en montrant un tableau du *Greco*, accroché auprès de son lit, voilà une peinture qui est peu appréciée, l'auteur est à peine connu. Eh bien! je connais peu de tableaux qui me touchent, je ne dirai pas davantage, mais autant ; il fallait avoir bien du cœur pour faire une œuvre comme celle-là. »

Ce dernier mot peint Millet tout entier. Comme le *Greco*, il a mis son cœur dans son œuvre.

CHARLES TILLOT.

TABLEAUX

ET

ÉTUDES PEINTES

I

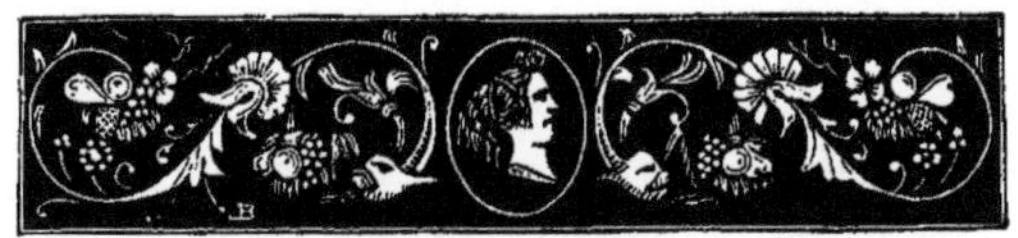

TABLEAUX

ET

ÉTUDES PEINTES

1. La Famille du Pêcheur.

Haut. 45 c.; Larg. 31 c.

1847-1848.

2. Baigneuses.

Haut. 28 c.; Larg. 19 c.

1848.

3. Carriers.

Esquisse.

Haut. 72 c.; Larg. 57 c.

1847-1849.

4. Petite Bergère assise.

Une bergère couverte d'une mante et appuyée sur un bâton garde ses moutons qui paissent sur la lisière d'une forêt.

Haut. 46 c.; Larg. 38 c.

1852.

5. Mère avec ses enfants.

Haut. 29 c.; Larg. 21 c.

1852.

6. Bergère. (L'Hiver).

Une bergère est appuyée contre un tertre le long d'un petit bois dépouillé de feuilles.

Haut. 20 c.; Larg. 32 c.

1853-1854.

7. Cardeuse de laine.

Esquisse.

Haut. 90 c.; Larg. 86 c.

1853-1854.

8. **Une rue de Gréville.**

Étude.

Haut. 38 c.; Larg. 46 c.

1854.

9. **Le Bord de la mer à Gréville.**

Des paysans ramassent du varech dans les rochers qui bordent la falaise.

Étude d'après nature.

Haut. 31 c.; Larg. 41 c.

1854.

10. **Falaises de Gréville.**

Étude d'après nature.

Haut. 38 c.; Larg. 46 c.

1854.

11. **Falaises et Rochers (Gréville.)** 3900

Étude d'après nature.

Haut. 46 c.; Larg. 55 c.

1854.

12. **Puits de la maison de Millet à Gréville.**

Étude d'après nature.

Haut. 41 c.; Larg. 32 c.

1854

13. **Une Maison du hameau de Gruchy Gréville, avec vue sur la mer.**

Haut. 55 c.; Larg. 46 c.

1854.

14. **La Maison de Millet à Gréville.**

Étude d'après nature.

Haut. 60 c.; Larg. 73 c.

1854.

15. **Laitière accoudée contre un arbre.**

Esquisse.

Haut. 55 c.; Larg. 46 c.

1854-1855.

16. **Village de Gréville.**

Étude d'après nature.

Haut. 53 c.; Larg. 72 c.

1854-1855.

17. **Femme étendant du linge.**

Sous un prunier, un jeune garçon tient dans ses bras un petit enfant, tandis que la mère est occupée à étendre du linge.

Haut. 26 c.; Larg. 35 c.

1854-1856.

18. Récolte de pommes.

Ébauche.

Haut. 37 c.; Larg. 30 c.

1856.

19. L'Enfant malade.

A la porte d'une chaumière, une femme assise sur un banc regarde avec sollicitude l'enfant qu'elle tient dans ses bras, tandis que le père, debout sur le seuil de la porte, lui présente une tasse.

Esquisse.

Haut. 89 c.; Larg. 65 c.

1858.

20. La Récolte des pommes de terre.

Au premier plan, un groupe de paysans remplissent les sacs des pommes de terre que l'on voit arracher sur un plan plus éloigné.

Haut. 38 c. Larg. 46 c.

1858-1860.

21. Lapins dans les Gorges d'Apremont. (Soleil levant).

Haut. 33 c.; Larg. 39 c.

1859-1860.

22. Cardeuse.

Haut. 46 c.; Larg. 38 c.

1860.

23. Femme portant deux seaux.

Haut. 41 c.; Larg. 33 c.

1860.

24. Femme trayant une vache.

Pâturage de Normandie.

Haut. 59 c.; Larg. 72 c.

1860.

25. Femme revenant du bois.

Esquisse.

Haut. 80 c.; Larg. 55 c.

1864

26. Les Tondeurs de moutons.

Une femme est en train de tondre un mouton que le paysan maintient sur une cuve renversée.

Haut. 41 c.; Larg. 26 c.

1862-1864.

27. Rochers et Pommiers près Barbizon.

Haut. 50 c.; Larg. 61 c.

1863-1864.

28. Fendeur de bois.

Effet d'hiver. Un bûcheron levant son maillet pour enfoncer les coins dans un morceau de bois. A peu de distance l'entrée de la forêt.

Haut. 81 c.; Larg. 65 c.

1864-1865.

29. Paysage.

Étude pour le tableau du Printemps.

Haut. 46 c.; Larg. 38 c.

1865.

30. Les Bêcheurs.

Esquisse.

Haut. 77 c.; Larg. 100 c.

1865.

31. La Fin de la Journée.

Effet du soir. 7300

Un paysan remet sa veste. Au fond on voit perdus dans la poussière qu'ils soulèvent, les chevaux d'un laboureur qui regagnent le hameau.

Haut. 59 c.; Larg. 73.

1865-1867.

32. Nuit étoilée.

Un chemin le long d'un bois; au fond une charrette. Le ciel est semé de planètes et d'étoiles.

Haut. 65 c.; Larg. 81 c.

1867.

33. Les Tueurs de Cochons.

Des paysans tirent avec peine l'animal hors de son toit; une femme lui tend un seau plein de pâtée. Deux petits enfants regardent de loin la scène avec curiosité et effroi.

Haut. 68 c.; Larg. 92 c.

1867-1869.

34. Nature morte.

Haut. 31 c.; Larg. 38 c.

1868.

35. Jeune Bergère assise sur une roche.

La bergère, la tête coiffée d'un large chapeau, et tenant son fuseau à la main, est assise dans une attitude mélancolique sur un rocher; la figure se détache en vigueur sur un horizon et un ciel pleins de lumière.

Haut. 162 c.; Larg. 114 c.

1869.

36. Étude pour les Falaises de Gréville.

Haut. 54 c.; Larg. 68 c.

1870-1871.

37. Bergère gardant son troupeau (dans les rochers).

Le soleil, à moitié caché par un nuage, éclaire le ciel d'un puissant effet de lumière sur lequel se détache la figure de la bergère.

Haut. 73 c.; Larg. 92 c.

1871.

38. Pêcheurs remorquant leur barque. (Calme plat).

Effet de brume par une belle matinée.

Haut. 32 c.; Larg. 40 c.

1871.

39. Barque de Pêcheurs en mer. (Effet de soleil.)

Haut. 32 c.; Larg. 40 c.

1871.

40. La Famille du Paysan.

Le père, la mère et l'enfant sont sur le devant de la maison avec leurs instruments de travail. Au fond, les animaux qui peuplent la demeure du paysan.

Haut. 111 c.; Larg. 81 c.

1871-1872.

41. **Falaises de Gréville.**

Vue prise du Maupas ou Mauvais pas. On voit se dérouler toute la ligne de la falaise jusqu'à la pointe d'Omonville. La mer est basse et l'on voit qu'elle ne découvre pas davantage la plage où elle se brise contre les récifs.

Haut. 95 c.; Larg. 118 c.

1871-1872.

42. **Vacher rappelant ses Vaches.**

Le vacher est debout sur une élévation appelant au son d'une trompe le troupeau qui arrive de toute parts et se presse dans un pli de terrain. Effet de soleil couchant.

Haut. 92 c.; Larg. 66 c.

1872.

43. **Chasse-Marée en mer.**

Esquisse.

Haut. 75 c.; Larg. 95 c.

1872.

44. **Tête de Femme.**

Étude peinte presque d'un seul ton. Bergère appuyée sur son bâton.

Haut. 41 c.; Larg. 37 c.

1872.

45. Coup de Vent.

Approche d'un ouragan : la tempête brise et balaie tout devant elle. Un grand chêne déraciné par la violence du vent menace dans sa chute un berger et son troupeau qui fuient épouvantés. Le ciel, couvert de nuages sombres, ne laisse apercevoir à l'horizon qu'une faible partie éclairée par le soleil couchant sur lequel se dessine la silhouette du hameau. 10900

Haut. 90 c.; Larg. 118 c.

1872-1873.

46. Jeune Mère berçant son enfant dans ses bras.

Figures grandeur naturelle.

Haut. 110 c.; Larg. 92 c.

1872-1873.

47. Bergère et son Troupeau.

Esquisse.

Au fond la tour du moulin de Chailly.

Haut. 90 c.; Larg. 118 c

1873.

48. La Tour du Moulin à Vent.

Esquisse.

Ruines d'un vieux moulin dans la plaine de Chailly.

Haut. 90 c.; Larg. 118 c.

1873.

49. Le Soir.

Un paysan, sa femme montée sur son âne et un petit troupeau de moutons sont en marche pour regagner le village, après une journée de travail. On voit briller l'étoile du soir. Des nuages légèrement empourprés couvrent l'horizon.

Haut. 80 c.; Larg. 100 c.

1873.

50. Église de Gréville.

12 200
au Musée du Louvre

L'église s'élève non loin de la falaise et en vue de la mer, qu'on aperçoit à l'horizon. Des nuées d'oiseaux voltigent autour dans un ciel de printemps rempli de nuages floconneux et de vapeurs.

Haut. 59 c.; Larg. 72 c.

1872-1874.

51. Laitière normande à Gréville.

Une paysanne porte sur la tête une cruche de cuivre pleine de lait bouchée avec une poignée d'herbes. Effet de soir.

Haut. 73 c.; Larg. 57 c.

1874.

52. Ane dans une lande.

6950

Sur la pente d'un terrain âpre et rocheux, un âne qui brait. Au-dessus, un grand ciel de printemps où s'enroulent en spirales, poussés par le vent, des nuages éclatants de lumière.

Haut. 92 c.; Larg. 100 c.

1874.

53. Chasse aux Flambeaux.

De jeunes paysans armés de torches de paille enflammée vont la nuit surprendre dans les haies les oiseaux et les abattent à coups de palette.

Haut. 71 c.; Larg. 92 c.

1874.

54. Bergère rentrant avec son troupeau. (Soleil couchant.)

Le soleil est couché, l'étoile du soir s'incline déjà sur l'horizon. Une jeune fille rentre suivie de ses moutons, qui se pressent dans un chemin creux; le chien, sur un tertre, surveille le troupeau. 11 000

Haut. 45 c.; Larg. 51 c.

1874.

55. Leçons de couture.

Esquisse.

Une paysanne tenant un enfant dans ses bras, donne à une petite fille d'une dixaine d'années ses premières leçons de couture. Une fenêtre ouverte laisse voir le jardin plein de lumière et de verdure.

Haut. 82 c.; Larg. 65 c.

1874.

56. La Mer vue des Pâturages de Gréville.

Entrée d'un pâturage ou clos sur les falaises de
14 200 Gréville. Au fond un immense horizon de mer calme sur lequel viennent trancher les silhouettes de quelques animaux paissant sur la pente de la falaise.

Haut. 73 c.; Larg. 92 c.

1874.

AQUARELLES

ET

PASTELS

AQUARELLES & PASTELS

57. Coin de jardin.

Normandie. Aquarelle.

1854.

58. Hameau de Gruchy.

Près Gréville. Aq.

1854.

59. Maison et Chemin montant.

Aquarelle.

1854.

60. **Daphnis et Chloé.**

Dessin rehaussé de pastel.

Esquisse pour le tableau « Le Printemps » (décoration de l'hôtel de M. T*** .)

1864.

61. **Anacréon recueillant l'Amour.**

Dessin rehaussé de pastel.

Esquisse pour le tableau de « L'Hiver » (décoration de l'hôtel de M. T***).

1864.

62. **Cérès.**

Dessin rehaussé de pastel.

Esquisse pour « L'Été. » (Décoration de l'hôtel de M. T***).

1864.

63. **Daphnis et Chloé.**

Pastel.

1864.

64. **Anacréon recueillant l'Amour.**

Pastel.

1864.

65. Cérès.

Pastel.

1864.

66. La Tentation de Saint-Antoine.

Dessin au pastel.

1864-65.

67. Maisons à Saint-Ferjeux (Doubs).

Aquarelle.

1864-1865.

68. Immaculée Conception.

Pastel.

1865-66.

69. Ferme sur les hauteurs de l'Ardoisière.

Près Cusset.

Aquarelle.

1866.

70. Chemin montant à un hameau.

Environs de Cusset.

Aquarelle.

1866.

71. **Chemin montant.**

Environs de Vichy.

Aquarelle.

1866.

72. **Chemin dans un petit bois.**

Environs de Vichy.

Aquarelle.

1866.

73. **Chemin conduisant à une ferme.**

Environs de Vichy.

Aquarelle.

1866-1867.

74. **Coteaux aux environs de Vichy.**

Aquarelle.

1866-1867.

75. **Paysage.**

Environs de Vichy.

Aquarelle.

1867.

76. Barrière d'un verger.

Environs de Vichy.

Aquarelle.

1867.

77. Ferme sur les hauteurs de l'Ardoisière.

Près Cusset.

Aquarelle.

1867.

78. Chapelle de la Madeleine.

Près Cusset.

Aquarelle.

1867.

79. Chemin montant à un village.

Environs de Vichy.

Aquarelle.

1867.

80. Petit Pont.

Environs de Vichy.

Dessin rehaussé.

1867.

81. Terrains montants.

Environs de Vichy.

Aquarelle.

1867.

82. Chemin creux.

Environs de Vichy.

Aquarelle.

1867

83. Terrains labourés, au Malavaux.

Environs de Vichy.

Aquarelle.

1867.

84. Environs de Vichy.

Aquarelle.

1867.

85. Hameau et Verger,

Environs de Vichy.

Aquarelle.

1867.

86. Une Saulée.

Campagne de Vichy

Aquarelle.

1867.

87. Campagne de Vichy.

Aquarelle.

1867.

88. Maison entourée d'une palissade.

Près Vichy.

Aquarelle.

1867.

89. Petit Torrent.

Près Vichy.

Aquarelle.

1867.

90. Petite Ferme.

Environs de Vichy.

Aquarelle.

1867.

91. Route du Malavaux, près Cusset.

Aquarelle.

1867.

92. Environs de Vichy.

Aquarelle.

1867.

93. Allée de peupliers.

Environs de Vichy.

Aquarelle.

1867.

94. Chemin montant.

Environs de Vichy.

Aquarelle.

1867.

95. Hameau dans les blés.

Environs de Vichy.

Aquarelle.

1867.

96. Maisons et Arbres.

Environs de Vichy.

Aquarelle.

1867.

97. Paysage.

Environs de Vichy.

Aquarelle.

1867.

98. Hameau sous les arbres.

Environs de Vichy.

Aquarelle.

1867.

99. La Butte verte.

Environs de Vichy.

Aquarelle.

1867.

100. Maisons et Petite Rivière aux environs de Vichy.

Aquarelle.

1867.

101. Terrains montants.

Environs de Vichy.

Aquarelle.

1867.

102. Chemin conduisant à un hameau.

Environs de Vichy.

Aquarelle.

1867.

103. Les Berges de l'Allier.

Environs de Vichy.

Aquarelle.

1867.

104. Métairie aux environs de Vichy.

Aquarelle.

1867

105. Sentier dans les ormes.

Environs de Vichy.

Aquarelle.

1867.

106. **Maison sur le bord d'une rivière.**

Environs de Vichy.

Aquarelle.

1867.

J. Dollfus
4 mars 1912, n° 81
Louvre RF 4147

107. **Chevrière auvergnate.**

Aquarelle.

1867.

2985

Une jeune fille gardant des chèvres. Elle est debout, filant au fuseau, la tête coiffée d'un chapeau de paille d'une forme particulière, en usage dans une partie de l'Auvergne.

108. **Bergère auvergnate filant.**

Dessin rehaussé.

1867.

109. **Maison en Normandie.**

Indication au pastel.

1871.

110. **Le Prieuré de Vauville.**

Dessin légèrement rehaussé de pastel et d'aquarelle.

1871.

111. **Le Lieu Bailly.**

à Gréville.

Dessin à la plume rehaussé.

1871.

2500 112. **Petite Bergère tricotant.**

Dessin au pastel.

1874.

DESSINS

ET

CROQUIS

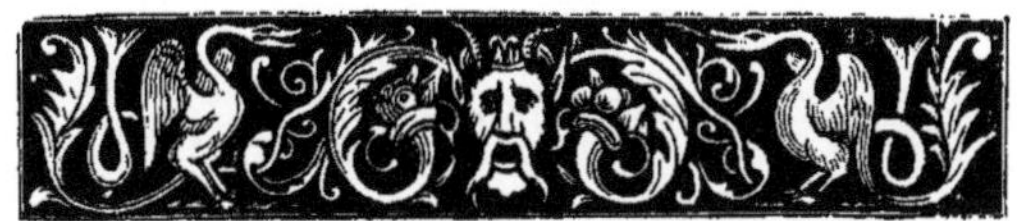

DESSINS & CROQUIS

113. **Faunes jouant de la flûte.**

Croquis au crayon noir.

1848.

114. **Couseuse.**

Croquis au crayon noir.

1850.

115. **Femme gardant des vaches.**

Dessin au crayon noir.

1850.

116. **Moissonneur au repos.**

Croquis au crayon noir.

1850.

117. **Lisière du Bas-Bréau : Femme portant des fagots.**

Dessin au crayon noir.

1850.

118. **Tête de Paysanne.**

Croquis, crayon noir.

1850-51.

119. **Le Semeur.**

Croquis au crayon noir.

1851.

120. **Le Semeur.**

Croquis pour le tableau.

Crayon noir.

1851.

121. **Études de Couseuses.**

Croquis pour le tableau.

Crayon noir.

1851-52.

122. **Bêcheurs se reposant.**

Croquis, crayon noir.

1852.

123. **Berger passant avec son troupeau sur les hauteurs de la Plante à Biau.**

Croquis au crayon noir.

1852.

124. **Bergère assise.**

Croquis au crayon noir.

1852.

125. **La Fin de la journée.**

Dessin au crayon noir.

1852.

126. **Femme gardant ses moutons. (Effet d'hiver.)**

Dessin au crayon noir.

1852.

127. **Femmes revenant du bois avec leurs fagots.**

Croquis au crayon noir.

1852-54.

128. **Tête de Paysanne.**

Croquis au crayon noir.

1853.

129. **Bergère appuyée sur son bâton.**

Croquis au crayon noir.

1853.

130. **Femme faisant boire ses vaches.**

Croquis au crayon noir.

1853.

131. **Berger et son troupeau.**

Croquis au crayon noir.

1853.

132. **Bêcheur se reposant.**

Croquis, crayon noir.

1853.

133. **Femme gardant sa vache.**

Croquis pour le tableau.

Étude, crayon noir.

1852-54.

134. **Femme gardant ses vaches.**

Dessin au crayon noir.

1853.

135. **Les Tondeurs.**

Etude pour le tableau.

Croquis à l'encre.

1854.

136. **Paysanne appuyée contre un arbre.**

Dessin au crayon noir.
1854.

137. **Étude de Paysanne.**

Croquis au crayon noir.
1854.

138. **Étude de Paysanne.**

Croquis au crayon noir.
1854.

139. **Baratteuse.**

Croquis au crayon noir.
1854.

140. **Tête de Paysan.**

Croquis au crayon noir.
1854.

141. **Faucheur.**

Croquis au crayon noir.
1854.

142. **La Barrière.**

Dessin au crayon noir.
1854.

143. **Paysan appuyé sur sa bêche.**

Croquis au crayon noir.
1854.

144. **Mère avec ses deux enfants.**

Calque.
1854.

145. **Petite Paysanne.**

Dessin au crayon noir.
1854.

146. **Jeune Paysanne.**

Croquis au crayon noir.
1854.

147. **Moissonneurs.**

Croquis au crayon noir.
1854-60.

148. **Bergère appuyée le long d'une haie.**

Dessin au crayon noir.

1855.

149. **Bergère endormie.**

Croquis au crayon noir.

1855.

150. **Puits à Gréville.**

Dessin au crayon noir.

1855.

151. **Une Laveuse.**

Croquis au crayon noir

1855.

152. **Glaneuse revenant avec sa gerbe.**

Dessin au crayon noir.

1855.

153. **Jeune Paysanne.**

Croquis au crayon noir.

1855.

154. La Fin de la Journée.

Croquis pour le tableau.

Crayon noir.

1855-1860.

155. Femme brûlant des herbes.

Croquis au crayon noir.

1855-1860.

156. Une Faneuse.

Croquis pour le tableau.

Crayon noir.

1856-1857.

157. Glaneuse.

Croquis au crayon noir.

1856-1857.

158. Paysan rentrant du fumier.

Croquis pour le tableau.

Crayon noir.

1856-1857.

159. **Le Berger rappelant ses vaches.**

Étude pour le tableau.

Croquis au crayon noir.

1857.

160. **Le Berger rappelant ses vaches.**

Étude pour le tableau.

Croquis au crayon noir.

1857.

161. **Jeune Glaneuse revenant avec sa glane.**

Dessin au crayon noir.

1857.

162. **Les Glaneuses.**

Calque.

1857.

163. **Départ pour les champs.**

Calque.

1857.

164. **La Cardeuse.**

Calque.

1857.

165. **Batteur en grange.**

Dessin au crayon noir.

1857.

166. **Femme versant de l'eau dans des cruches.**

Croquis au crayon noir.

1858.

167. **Voyageurs demandant leur chemin à un berger.**

Croquis au crayon noir.

1858.

168. **La Mort et le Bûcheron.** 2000

Dessin très important au crayon noir.

1858.

169. **L'Enfant malade.**

Dessin au crayon noir sur vélin.

1858.

170. **La Fin de la journée.**

Calque.

1858.

171. **Les Premiers Pas de l'Enfant.**

Croquis au crayon noir.

1858.

172. **Moissonneuse endormie.**

Croquis au crayon noir.

1858-1860.

173. **Moissonneurs endormis.**

Croquis au crayon noir.

1859.

174. **Paysan brouettant du fumier.**

Croquis au crayon noir.

1859.

175. **Moissonneurs endormis.**

Dessin au crayon noir.

1859.

176. **Femme donnant à manger à ses poules.**

Croquis au crayon noir.

1859.

177. **La Cardeuse.**

Dessin au crayon noir.

1859.

178. **Parc à moutons au clair de lune.**

Dessin au crayon noir.

1860.

179. **Le Départ pour le travail.**

Dessin au crayon noir.

1860.

180. **Glaneuses.**

Dessin au crayon noir.

1860.

181. **Femme gardant sa vache.**

Croquis au crayon noir.

1860.

182. **Les Bêcheurs.**

Croquis au crayon noir.

1860.

183. **Femme portant son enfant.**

Croquis au crayon noir.

1860.

184. **Bergère cousant.**

Croquis au crayon noir.

1860.

185. **La Baratteuse.**

Calque.

1860.

186. **Une Feuille de Croquis divers.**

Au crayon noir.

1860.

187. Bergère assise gardant ses moutons.

Croquis au crayon noir.
1860.

188. Têtes de Paysans.

Croquis au crayon noir.
1860.

189. Femme donnant à manger à ses enfants.

Croquis au crayon noir.
1860.

190. Leçon de couture.

Croquis à l'encre.
1860.

191. L'Attente.

Croquis pour le tableau. Crayon noir.
1860.

192. Fendeur de bois.

Croquis pour le tableau. Crayon noir.
1860.

193. **Bergère gardant son troupeau.**

Croquis au crayon noir. 2 faces.
1861.

194. **Les Bêcheurs.**

Dessin au crayon noir sur papier calque.
1861.

195. **Les Bêcheurs.**

Croquis pour le tableau. Crayon noir.
1862.

196. **La Leçon de Lecture.**

Croquis au crayon noir.
1862.

197. **Berger rappelant ses vaches.**

Croquis pour le tableau au crayon noir.
1857.

198. **Bergère tricotant.**

Croquis au crayon noir.
1862.

199. Bergère tricotant.

Dessin au crayon noir sur papier calque.
1864.

200. Bergère tricotant.

Croquis pour le tableau. Crayon noir.
1864-1865.

201. Bergère tricotant.

Croquis au crayon noir.
1865.

202. La Fuite en Égypte. 1000

Dessin au crayon noir.
1864-65.

203. La Fuite en Égypte.

Dessin au crayon noir.
1864-65.

204. Paysanne assise.

Croquis au crayon noir.
1865.

205. Femme faisant manger son enfant.

Croquis pour l'eau-forte.
1865.

206. Départ pour le travail.

Calque.
1865.

207. Une Feuille de Croquis divers

Crayon noir.
1865.

208. La Résurrection du Christ.

Dessin très-important au crayon noir.
1865-66.

209. Maisons près Vichy.

Dessin à la plume.
1866.

210. Tour de Dyane.

Auvergne.
Dessin à la plume.
1866.

211. Coustat, Vallée de Dyane.

Auvergne.

Dessin à la plume.

1866.

212. Roche de Monceau.

Auvergne.

Dessin à la plume.

1866.

213. Petite Fille auvergnate.

Dessin à l'encre.

1866.

214. Petite Fille auvergnate.

Dessin à l'encre.

1866.

215. Moulin.

Vichy.

Dessin à la plume.

1867.

216. **Moulin.**

Vichy.
Dessin à la plume.
1867.

217. **Moulin.**

Vichy.
Dessin à la plume.
1867.

218. **Chemin de village.**

Environs de Vichy.
Dessin à la plume.
1867.

219. **Église de village.**

Près Cusset.
Dessin à la plume.
1867.

220. **Chaumière et Arbres.**

Dessin à la plume.
1867.

221. **Environs de Vichy.**

Croquis à la plume.

1867.

222. **Coteaux plantés de noyers, près Cusset.**

Auvergne.

Dessin à la plume rehaussé.

1867.

223. **Paysage.**

Campagne de Vichy.

Dessin à la plume.

1866.

224. **Moulin à eau.**

Environs de Vichy.

Dessin à la plume.

1867.

225. **Maisons entourées d'arbres.**

Environs de Vichy.

Dessin à la plume.

1867.

226. **Village et Arbres, près Vichy.**

Dessin à la plume.

1867.

227. **Roue de moulin à eau.**

Environs de Vichy.

Dessin à la plume.

1867.

228. **Chemin couvert à Dyane.**

Auvergne.

Dessin à la plume.

1867.

229. **Route.**

Environs de Vichy.

Dessin à la plume

1867.

230. **Maison à Dyane.**

Auvergne.

Dessin à la plume.

1867.

231. Chemin montant et Hameau.

Environs de Vichy.

Dessin à la plume.

1867.

232. Petit Chemin dans les blés.

Environs de Vichy.

Dessin à la plume.

1867.

233. Habitation aux environs de Vichy.

Dessin à la plume.

1867.

234. Petit Chemin dans les blés.

Environs de Vichy.

Dessin à la plume.

1867.

235. Environs de Vichy.

Dessin à a plume.

1867.

236. Chemin montant.

Environs de Vichy.

Dessin à la plume.

1867.

237. Maisons dans les blés.

Environs de Vichy.

Dessin à la plume.

1867.

238. Maisons dans les blés.

Environs de Vichy.

Dessin à la plume.

1867.

239. Coin de moulin.

Près de Vichy.

Dessin à la plume.

1867.

240. Paysanne d'Auvergne filant.

Croquis à la plume.

1867.

241. Gardeuse de chèvres filant.

Dessin au crayon noir.

1867.

242. Maisons et Chemin couvert.

Près Vichy.

Dessin à la plume.

1867.

243. Montagne du Monne.

A Trigout, Auvergne.

Dessin à la plume.

1867.

244. Femme faisant manger son enfant.

Calque.

1867.

245. Gardeuse de chèvres filant.

Croquis au crayon noir.

1867.

246. Berger et son Troupeau.

Dessin à l'encre.

1870.

247. Ferme de But-au-Pieux.

Environs de Cherbourg.

Dessin à la plume.

1871.

248. Maison de Nacqueville.

Dessin à la plume.

1871.

249. Le Lieu de Gréville, à Gréville.

Dessin à la plume.

1871.

250. Hameau aux environs de Cherbourg.

Dessin à la plume.

1871.

251. **Château de Vauville.**

Dessin à l'encre.

1 71.

252. **Marais de Bas-Nacqueville.**

Dessin à la plume.

1871.

253. **Église de Gréville.**

Dessin à la plume rehaussé d'encre de Chine.

1871.

254. **Ferme du Tour.**

Dessin à la plume.

Normandie.

1871.

255. **Ferme de Grimesnil, à Equeurdreville.**

Dessin à la plume.

1871.

256. Le Prieuré de Vauville.

Au cap de La Hague. Normandie.

Dessin à la plume rehaussé.

1871.

257. Paysan appuyé sur sa bêche.

Croquis au crayon noir.

1872.

258. Le Berger et la Mer.

Calque.

1872.

259. Bêcheur appuyé sur sa bêche.

Dessin au crayon noir.

1872.

260 à 273 — 14 gravures à l'eau-forte, par J.-F. Millet.

Sujets divers.

Premières épreuves.

Seront divisées.

www.ingramcontent.com/pod-product-compliance
Ingram Content Group UK Ltd.
Pitfield, Milton Keynes, MK11 3LW, UK
UKHW020348180726
13839UKWH00002B/984

9 782329 5029